云泉 서정시선집

야시홀 연가

이 장 희

云泉 서정시선집

야시홀 연가

이 장 희

大切な冬

五十川一帶に
雪が降っている.
西はよみじの國だ.

一羽の冬鴉が
雪降る空を搔き分けて
北の墓地のかなたへ鳴いて行く
琴湖平野が眞白く天と接ぎ合っている.
大切な人間の魂が
宇宙と連結される時間だ.

苦難に責められた母の一生を
健げに晒してくれる.

遠く長林の丘越え
雪ははてしなく降っている.

도서출판 **책마을**

시선집 『야시홀 연가』를 내면서

시는 모국어를 쉬운 말로 아름답게 갈고 닦아 새 빛깔의 정서를 만나게 해야 사랑 받을 수 있다는 것을 알면서도 쉽게 쓰여지지 않는다. 시인은 자신의 생각이 닿지 않는 곳에 생각이 미치고 남이 할 수 없는 운율을 뽑아야 하는 이 양자를 겸해 가진다는 것이 여간 어렵지 않다. 더구나 남의 이해까지를 얻어내야 하기에 더욱 그렇다. 이러한 풀기 어려운 항행航行 때문에 오리지널리티란 참으로 어려운 것이다. 독창성이란 낯설게 해야 참신한 느낌을 준다. 그러나 시에 있어서 정서를 배제한 낯설기란 큰 감동을 주지 못한다고 본다.

내가 성장한 곳은 농촌, 산촌, 어촌의 세 박자를 갖춘 소읍이다. 오십천 해질녘의 부드러움, 일출 때 해변의 아름다운 장관, 소야곡 같은 가냘픈 갈매기의 울음소리, 빈 들에 볏단만 서 있는 늦가을 농촌의 쓸쓸함 같은 자연의 아름다움을 보면서 유치원을 거쳐 초등학교까지를 보냈다. 그래서 이번 선집의 시편들은 네 권의 시집에서 주로 소년기의 정서를 담은 것이 대부분이다.

오늘 날 고도의 산업화 정보화시대에 밀려 인간의 원

초적인 아름다운 정서가 고갈되고 마멸되어 가고 있는 현실에서 가장 먼저 생각해야 하는 것이 인간의 근원적인 정서의 회복이라고 볼 때 서정의 효용이 얼마나 소중한가. 해서 누구나 쉽게 이해할 수 있는 서정성이 짙은 작품만 골랐으며 객관성을 높이기 위해 몇몇 독자에게 의뢰하여 선정한 것이다. 아무쪼록 독자들의 정서생활에 다소라도 도움이 된다면 그런 다행이 없겠다.

  이 시선집이 나오기까지는 문학의 동료인 안기화 시인이 작품선정과 워드프로세서, 출판사 선정, 시집 제목에 이르기까지 헌신적으로 협조하였음을 밝히면서 애쓴 노고에 진심으로 감사드리며 소중한 인연으로 오래도록 간직하겠습니다. 아울러 출판 여건이 어려운데도 기꺼이 맡아주신 손희경 사장님 외 수고하신 직원들에게도 감사를 드립니다.

2008년(무자년) 가을
이 장 희

- 목 차 -

4 —— 시선집 『야시홀 연가』를 내면서

1부 서정의 여로

14 —— 고향 소식
15 —— 고향의 노래
16 —— 낙과
17 —— 남행 열차 속에서
20 —— 노을 빛
21 —— 두루미
22 —— 들국화
23 —— 만추의 일모
24 —— 먼 추억
26 —— 반송정 원경
28 —— 사월의 고향
29 —— 새
30 —— 소녀와 옥수수
32 —— 옛 언덕에 오르면
34 —— 새벽길
35 —— 옛길 걸으며
36 —— 인연
37 —— 전선의 새
38 —— 첫눈
39 —— 추수를 앞두고
40 —— 풀 꽃

- 목 차 -

수채화 속의 나목 `2부`

가을의 체온 —— 42
꽃 —— 43
남산리 —— 44
눈 길 —— 45
동산에 오르니 —— 46
동해 —— 47
동행 —— 48
방향기 —— 49
봄비 —— 50
분수 —— 51
사모사 —— 52
산수유 —— 53
새벽 산행 —— 54
오십천 소곡 —— 55
이사기 —— 56
한 권의 시집을 받던 날 —— 57
해변 일기 —— 58
홍수 —— 60
화면속의 여름 바다 —— 61
휴일 아침 —— 62

- 목 차 -

3부 낮게 흐르는 악보

64 —— 가을의 말씀
66 —— 가을 길목에서
67 —— 갈대
68 —— 겨울 아침
69 —— 광장에서
70 —— 귀뚜라미
71 —— 다시 귀향
72 —— 대한 무렵
73 —— 동해에서 온 엽서
74 —— 동해 횟집
75 —— 세모
76 —— 소
77 —— 소년기
78 —— 소중한 겨울
79 —— 아당질
80 —— 아직도 볼 수 있는
81 —— 안행
82 —— 어느 봄날
83 —— 오십천 시초
84 —— 인망
86 —— 참 행복

- 목 차 -

피렌체의 저녁 노을 4부

겨울 삼사리 —— 88
귀향 —— 89
남산리 소경 —— 90
낮달 —— 91
녹슨 램프 —— 92
달팽이 —— 93
보이지 않는 수채화 —— 94
봄 기운 —— 95
봄 빛 —— 96
새들은 하늘을 거두고 —— 97
새벽 포구 —— 98
소심란 —— 99
여름 엽신 —— 100
원경 —— 102
입춘 지난 후 —— 103
초겨울 서정 —— 104
최 화백의 그림 —— 105
추수기 —— 106
카페 피렌체 —— 107
파도여 파도여 —— 108
휴일 —— 110

- 목 차 -

5부 노을 속 새들은 사라지고

- 112 ── 감상실
- 113 ── 겨울산
- 114 ── 그림 속 바다
- 115 ── 까치소리
- 116 ── 그 해 겨울
- 118 ── 낮은 기도
- 119 ── 노을 속 새들은 사라지고
- 120 ── 늘그막에는
- 121 ── 달 밤
- 122 ── 대한이 가까워오면
- 124 ── 백화점 앞에서
- 125 ── 병실 앞에서
- 126 ── 북성로 종다리
- 128 ── 봄, 야시홀
- 129 ── 섣달 밤에는
- 130 ── 설경
- 131 ── 쓸쓸한 행렬
- 132 ── 야시홀 연가
- 134 ── 어두워가는 고향
- 135 ── 은행잎
- 136 ── 중심의 실종
- 137 ── 추령

- 목 차 -

고향, 그 영원한 이름 **6부**

가위질 —— 140
낮 달 —— 141
덕이 할매 —— 142
도시의 달밤 —— 144
독도 —— 145
동해 강구항 —— 146
몸살 —— 148
무상을 만나다 —— 150
묵은 수채화 —— 151
밤바다 —— 152
백목련 —— 153
봄 바다 —— 154
부여에서 —— 155
분식점에서 —— 156
소심화 —— 157
아름다운 풍속 —— 158
윤사월 —— 159
젊은 날의 강 —— 160
친구 —— 162
잠자리 —— 164

운천 시평 —— 165

1부 서정의 여로

抒情의 旅路

이장희 시집

時溫舍

고향 소식

가을 하늘이 나를 당긴다
밤낮 내가 당겨간다
세상살이 기름때가
촉촉이 베었는데
이 가을 살이 찬
게맛이 구미를 돋구는
고향의 술집
바람결에 묻어오는 그곳 소식
오늘도 서성대는
정류장 부근

고향의 노래

낙조落照 속에 젖어드는 기적소리 들리면
아득한 고향길이 가슴에 스며든다

진달래 분홍색 윤사월이 오며는
오십천 실개울에 송사리떼 헤엄치고

고향의 명산 고불봉에 오르면
살찐 산꿩 푸드득 길게 하늘을 그은다

영근 열매 빼물고 햇살이 목욕하는
계곡을 쪼아대는 묏새들의 노래소리

머언 산 바라보며 영생永生을 바라시던
어머님의 눈빛이 삼삼이 어린다

이슬 같은 영롱한 벌레소리 들리면
몽실몽실 솟아나는 그리운 고향 흙내

고향은 바람인양 청자빛 하늘 아스라이
흙 묻은 노래가 처-ㄹ 철 넘나 흐른다

낙과落果

달빛이 다스린 씨앗의
나무 사이로
인과율의 모순이 떨어지고 있다

땅속에 숨어
종말의 기로까지
하늘로 향한 한 알의 열매는

기쁨으로 질주하면서
동요 없는 인습으로 하여
현상의 의미를 남기고 있다

가까운 내 곁에서
풋풋한 호흡을 가르치던
신의 소리가 들려온다
나직한 낙과落果

남행열차 속에서

우리들은 다같이 환송이 없었다.
태양은 충분한 여유도 없이
따갑게 쬐었다. 그때 열차는
외로운 긴 철교를 시끄럽게 질주했다.
몇 시간을 감금당한 우리의 청각은
정말 신경이 복잡했다.
동석자의 사상의 넓이를 알 수 없어
담배연기로 대화를 유도했다.

첫 귀대일에 고향의 간이역에서
옥수수를 싸주던 소녀, 그리고
반생의 정조를 허용했다는
일요일 밤의 뜨거운 외박,
어느 날에는 야영의 기슭에서
귀소歸巢하는 후조의 평화를 보고
문풍지처럼 울었다나.
이야기는 아세치렌 불빛처럼
또 빛났다.

상관의 황홀한 유혹에
미각의 욕망이 소스라쳐
어둡게 도심에 찼다가
전쟁의 뒤뜨락 철조망으로
자유를 철수 당했다고
한바탕 웃었다 그때 우리는
맑은 소주를 따루었고 오징어를 씹었다.
서로 연거푸 화랑의 연기를 뿜었다.
열기에 홍안이 된 순간
남행하는 열차는 길게 또
기적을 울렸다

전쟁에 찢긴 역사속에서
교실에서 가꾼 막내둥이의
학력 자랑까지 꽃피우던 그는
건강한 체구로 동행에서
사랑과 온기와 우정을 공급했다.

태양이 낮을 외면할 무렵
사투리가 정겹게 들리는

남도의 어느 플랫폼에서
우리는 서로 미소를 지으며
자랑스런 의미를 간직하고
산악처럼 튼튼한 악수로
별리의 서운함을 나누었다.

노을 빛

가을이 차츰
차츰 무게를 내리니, 늘
다니던 길이 눈부신다
비둘기 떼들이
먼 하늘을 향해 솟구치고
가끔 네 악장의 갈바람이
어둠속에서 나를
외로움으로 몰고 있다
저문 하늘 노을 빛 속으로
올해 갓 깬 까치소리가
시나브로 둘레에 피어난다
그 속에서 가을이 저물고 있다

두루미

이슬처럼 살으리
팔공산 둥지 하나로

먼 요람 속
물살 짓는 웃음으로
세상 인연
실로 풀지 못한 사랑 같은

달빛 속 나목가지
스스로 충만한
목련같은

잊혀진 세월 저편
청산에 저버린
별인채로

눈을 들어라
너는 조용한 향기
맑고 고고한 자태여

들국화

낙조落照에 젖은 들국화가
가을을 토吐하면
아득한 고향길이
가슴에 스며든다
'옥아'
오늘도 고향엔
계절이 마구 익어가겠지
기러기는 서정抒情을 물고
고향을 찾는데
희망 탓에 쫓겨난 나는
아직 갈 수 없다
이렇게 계절이 바뀌어도
서러운 세월을 뜯으며
고독하게 살아야 한단다
그러나
오늘은 고향이 그립다
호수 같이 맑은 네 눈동자와
청자 같은 고향의 하늘이 그립다

만추의 일모日暮

내 빈 사상의 시야에
흩어지는 늦가을 해거름
멀리
빈 들을 가로챈
교목의 그림자 아래
근로를 포갠 리어카 한 대
노동의 체험이 없는 나의 생애는
아무런 이삭도 나를 수가 없다
씨감 한 개가 달려있는
감나무 위로
후조들이 이동을 한다
붉스런 구름덩이가
방금 그들이 날아간 쪽으로 떠간다
쌀쌀한 냉기가 도는
만추의 일모日暮

먼 추억

한가히 떠가는 구름의
풍경을 바라보며
모처럼 고향길에 나섰다
오오래 숨었던 회상
동구 밖 은행나무는
예상보다 크게 자라
시월의 사연을 안겼다
옆집 순이와 은행잎을 줍던 날은
철없던 유치원생이였던가
노오란 은행잎을 모아
공부 잘 하라고 손에 꼭 쥐어주던
기도같은 작은 숨결은
불씨처럼 사글지 않는다
먼 기억에서
그날의 순수가 뜨락에
넘실넘실 차는데
해후의 사연은
낯선 서러움

엄마와 같이 자랐다는
쳐다뵈는 은행나무는
변해버린 세정과
얼룩지게 가버린 현실
그 황색의 눈물을
가을 뜨락에 지으며
유년시절의 고향과
대화를 나눈다

반송정 원경遠景

끝없는 들녘은 아직도
띄엄띄엄 허수아비가 서 있다

멀리 할미새 두 세 마리가
미루나무 가지를 감아올리는
저녁연기 속으로 빠진다

봄부터 가을까지
수천만의 햇빛가루가
바람과 곤충과 함께
마지막 우주의 속살까지
거대한 고뇌를 치룬 자리

들녘을 바라보면서
잉태하는 아픈 의지와 슬픈 자유
그리고 낙엽 같은 역사를 주우면서
나이만큼이나 생애의 여백을 채운다

맑은 바람결은

하늘 깊이 일월을 털고
홀로 잎이 다 진 창공을 떠가는
할미새 두 세 마리

어둠과 번뇌가 섞이지 않는
먼 곳을 향해 날고 있다

사월의 고향

칠십리 오십천 강변
연분홍 복사꽃이 화사하다

꽃잎마다 동토의 분노를 삭이며
은은하게 열정을 피우는

밭고랑마다 땀이 밴 생활의
옷자락이 펄럭이는

사월은 가난해도
대지는 어질고 너그러워

피할 수 없는 갈증의 시선이
생동하는 신비 속으로 내리고

아! 사월이 오면 언제나
마음이 넉넉해지는 고향의 향기

새

빈 생각으로 헤매다가
잠긴 암호를 안고
아우성으로 뉘우치는
어둠처럼
침묵이 지배하는
투명하게 바랜 인생
마지막 바람에 섞여
안개를 헤치며
서둘러 날아가는
지혜로운 영원

소녀와 옥수수

그해 가을
귀대하던 날
버스 정류장에서 소녀는
옥수수를 싸주었다
차 안에서 그가 싸준
옥수수를 따먹으며 지루함을 달랬다
사실은 옥수수를 먹은 게 아니고
소녀와 고향, 그리고 숱한
가을의 정서를 따 먹었다
어느 날 문서 연락으로
전방에 갔다가 돌아오는 길에
관동 땅의 명물인 옥수수를
철모와 야전복 주머니에
가득 담아 왔다
술기가 밴 상사들의 독촉에
설 구어 먹었더니 심한
배탈을 만났다
그래도 옥수수는 아름다운
추억이 일렁이는 총총한 열매

그날처럼 옥수수가 여무는데
은하수 이지러진 하늘 저편
옥수수 보자기 들고
군복 자락에 매달리던
그날의 소녀는 지금쯤
어디서 어떻게 살고 있을까
그 소녀가 못내 그리워지는 계절

옛 언덕에 오르면

꽃피는 계절의 언덕에 서면
치밀어 오르는 아득한 그리움
십 수 년을 안식할 수 없는
이단자처럼 어이다가
꽃피는 언덕을 버렸는가
모두가 나에겐
눈부신 세월이었다
머리카락 성성한 어머님
나의 금의환향 빌며
손목을 잡고 헤어지던
그 언덕
또 하나의 아득한 빛깔
삼월이 되면 진달래에 취하여
뒷동산 언덕을 헤매던 '숙원'이와 '정숙'
지금쯤 어디 있을까
지금은 변해버린 고향이지만
그 언덕에는 그리운
동화가 남아 있다
오늘도 비노니

그 쓸쓸한 언덕에
꿈을 지녔던 동화를
곱게 곱게 물들여다오
두고 온 그 언덕에

새벽길

눈이 내리는
이른 새벽
어디론가 멀어져 가는, 노새의
달구지 소리
방울 소리
무슨 일로
어디로
설빔을 마련하려고
구운 숯이라도
딸의 혼수라도
곰방대에
담배연기 날리며 가고 있는
시골 노인의 이른
새벽길

옛길 걸으며

걷고 있다
입동 지난 초겨울

달맞이 오르던 고불봉
은어 떼 몰던 오십천, 그리고
임경대 호호대의 겨울놀이
봄동산 진달래 꺾던 삼단머리
'숙원'이와 '정숙'

유치원 옆 수수밭 사잇길
잠자리 쫓던 가을날의 추억
일본인 신사 옆 아름드리 느티나무길
또 무엇이더라 곰곰이 떠올리며

옛길을 걷고 있다

인연因緣

새여, 새여
온 누리 몽우리에 앉아라
눈으로 와 가슴을 흔들어
빈 마당 가득 꽃을 피워라
눈을 감아도 누리에 뜨는 달
두루미 같은 하늘의 천사
이 밤에도 벙그는
하얀 망울의 기다림
사랑이 솟구치는
아스라한 세월 어귀에서
시린 가슴을 데워라
몸 안에서 저무는 날까지
새여, 새여

전선의 새

포성이 스쳐간
전선은
바람만 불고 있었다
마비된 계절의 가지 끝에
작은 심장을 할딱거리며
앉아 있는 새 한 마리가
대낮을 앓고 있다
아직은 이 땅의 아픔을
노래하지 말아라
산매山梅꽃이
촉 트기 전에는
결코 노래하지 말아라

첫눈

여름을 파먹은
까마귀의 울음이
나목 속에 잠들고
달빛을 퍼내던
어머니의 수틀 위에
눈이 내린다

멀리
떨어져 들려오는
달구지 소리
아른아른 눈에 선한
새벽길 위에 눈은
우리들의 추억을 무겁게
적시고 있다

귀 기울어지는 시간
나의 무수한 유년의 율동은
쉬지 않고 가슴속으로
묻어 내리고 있다

추수를 앞두고

입적入寂을 서두르는
가을 햇빛 속에
누렇게 윤기나는 물결
전생에 목말라하던 흙에서
결실의 욕망이 무성하게
나의 살 속에 뿌리 내린다
공간의 길로 피워 올린
영원한 생존의 표적
노동을 허용한 그대의 은총이
황홀하게 출렁이고 있다
맑은 바람 속으로
살찐 생명의 희열이
넉넉하게 흐르고 있다

풀꽃

시월의 오솔길 걸으면
이름 없는 풀꽃들이
마지막 몸짓을 하고 있다
세상의 외로움이
가슴에 저밀 때마다
풀 속 작은 것들의 울음은
가장 낮은 삶의 의미를 피워
나에게 힘든 결실을 게워내게 한다
남쪽하늘 구름 사이로
옛날에 핀 불꽃의 투명한 언어가
마지막 풀잎의 생기로부터
달아날 수 없는
내 안의 지극한 방황으로
세월의 인연을 무겁게 흔들고 있다

2부 수채화 속의 나목

李 章 熙 詩集
水彩画 속의 裸木

세상에 어머니를 잃고
산다는게 전쟁처럼
긴 바람이다.
불꺼진 마음에 백설이
흩날린다.
― 「大寒무렵」 中에서 ―

도서
출판 대일

가을의 체온

푸른 바람이 지나간다
비어있는 뜰 의자 위에
나무들이 신비의 옷을 벗고
가을의 체온을 색칠한다
풍요의 귀한 하늘을 담은
당신의 손길이
옷자락 끝에서 눈빛 깊숙이
때 묻은 전부가 밀려온다
빈 가슴 사이로
익어간 별들이 그리움을 남기고
한 잎 두 잎 내리는
갈구의 나뭇잎을 본다
고단했던 우리들 마음속에
채워진 사랑의 씨앗이
전신에 고요하다

꽃

하나같이
절정을 바라보며

향그러운 물결이
미풍을 불러

견딜 수 없는 극한에서
솟구치는 빛과 빛

고요는 그림자를
호면湖面에 던지고

분수처럼 인내할 수 없는
번뇌로운 목숨이여

남산리 南山里

띄엄띄엄 갈꽃이
명도산 골짜기를 흔들고
들을 씻는 바람은 차츰
무겁고 차게 스치고 있다
마르비종 마을, 저문
밀레의 저녁 빛이 쏟아지는
남산리 들판
솔가지에 걸린 구름 속으로
꺼져가는 고전의 철새가
빛의 축복을 받으며
하늘 한쪽이 붉어가는
가을날 맑은 하오下午를 날고 있다

눈 길雪路

여기 시골길에
눈이 나린다

정류장 간판도 없는
주막 추녀에

막차를 기다리는
겨울 나그네

어둠이 다가오는
이런 길에 서면

잃어버린 고향이
다시 서러운데

내 머리 위에
눈이 내린다

배꽃 같은 눈이
퍼-ㄹ 펄 내린다

동산에 오르니

가을 동산에 오르니
메밀꽃을 흔드는 고운 하늘 빛
낮달이 잠긴 높은 하늘에
느리게 흐르는 몇 조각 흰 구름
새들은 더욱 높게 날고
더욱 향기로운 풀꽃
넘어가는 서쪽 햇살이
귀뚜라미 더듬이까지
맑게 묻어 내리고
멀리서 낮은 사랑으로 들리는
새벽 기도 같은 은은한 종소리
마른 수풀에 묻혀 천추를
울어대는 벌레들의 합창
안개같이 스치는 그리운 동화
먼 하늘에 던져보는
소리 없는 진한 향수

동해

저무는 하늘에는
천 년의 평화가 깔리고
문이 닫힌 유년의 잠은
눈시울이 붉은 꽃 속에서 그만
잠이 들어
바람만이 험한 파도를
몰고 오구나
진한 물감이 풀린 늦은
파도 위에
주제主題를 문 갈매기
두어 마리
낙화처럼 귀소를 서두른다
모두가 조금씩 저승으로 가는 건가
빛살 고운 그리움아

동행同行

화랑 '동동'에서 열린
김 화백의 전시회

새마을호 차창에 비친
불타는 가을산
자리 좋은 묘터 보고
저런 곳에 묻힐 애길하며,
한때 우린 침묵이 흘렀다

자식들 모두 자라
홀로 섰고 하니
그리움도 미련도 두지 말고
여생을 즐기다 가는 거야

어느새 서울역
고층건물 유리창에 비친 노을이
주변을 더욱 밝히고 있다

방향기 訪鄉記

불혹을
넘을 때까지
숱한 행렬을 외면해 버린
나의 명절
어느 해 가을
철수한 전쟁은
내 어린 미소의
보조개를 까뭉개고
이렇게 수선으로 성장된 인생
후미진 마음에도
귀성하는 정겨운 대화는
고향의 연가
햇빛이 여로를
부드럽게 장식하는 오늘
사과 광주리에 청주를 들고
그 위에 내 인생도
처음으로 행렬에 낄 결정을
심중에 내려 본다

봄비

동대구역 육교가
봄비에 젖는 주말
김 학장과 천수 계단을 밟았다
입구보다 내부가 화려한
아니 아름다운 내부보다
흠집 하나 볼 수 없는
진주 같은 이 회장
그 훈훈한 인심에
비에 젖은 을씨년한 우울이 녹았다
새로이 단장한 남쪽 창 벽
어느 화가의 그림인지
코로를 닮은 고전화 한 폭이
찻잔을 들 때부터
시선을 끌고 있었다

분수 噴水

치솟는 것은
뼈아픈 가락이다
분하고 억울한 세상일들이
하얗게 센 머리칼로 풀고 있다
아름다운 풍경
속 깊은 하늘을 외면하고
배부른 자의 거짓과
배고픈 자의 착함을
참아온 말들을 대변하는 물줄기
맑고 시원한 그대
마지막 유언 같은
원초적 사랑 같은
하늘만 우러러 분노를 토하고 있다
치솟는 것은 그냥
물줄기가 아니다
뼈에 사모친 분노의 가락이다

사모사 思母詞

봄바람이 불어도
산정山頂엔 눈이 쌓인다
아득한 하늘
문을 닫은 옛날에
금잔디의 넋이 뭉실거린다
안동 권문의 난초기둥이
이 밤에도
한 조각 밤 구름이
미안하게 부르는 소리
어쩌란 말이요
바람아 구름아

산수유

청련사 입구에서 만난
산수유 향기
그 향기 코를 지나
가슴으로 마셨다
꽃 속에 입을 박은
나비의 식도 속으로
꿀물이 통과하듯
마알간 향기가
내장 속으로 스며드는
이른 봄날

새벽 산행

새벽 산행길에 드니
여린 달빛이 몸에 감긴다

걸음을 멈춰 하늘을 보니
한 마리 까투리가 투명한
높은 천장의 유리를 깨트린다

별빛이 마지막 계단을 넘을 때
발길에 채이는 풀잎의 몸짓이
피어날 때보다 위험해 보였다

사는 것에 익숙해질 나이건만
다니는 길에도 발목이 잡힌다
어제의 발길이 아니다

홀로 걷는 외로움은 이 새벽에
또다시 외로움을 만난다

오십천 소곡小曲

봄이 와서
사월 중순

발정하는
복사꽃

눈부신 심란의
조명으로

알을 밴
은어 떼

꽃물을 밟고
포구로 떠가는

오십천 백리길
연지색이 깔리면

하늘과 내가
떠나가는 봄

이사기移徙記

이 가을에 또
집을 옮겨야한다
주택문제는 늘 식구들의
머리를 무겁게 한다
스물다섯 해 동안
열아홉 번째 이사하는 날
"엄마 이번엔 정말 남의 집 아니지"
유치원에 다니는 정아의 말은
어머니의 깊은 살점 속으로
가시처럼 박혀 눈물이 앞섰다
멍이 든 인생은 더러
셋방신세를 질 수 있지만
이번만은 죄다
누구의 죄도 아닌
나의 죄다

한 권의 시집을 받던 날

출판기념회 때
한 권의 시집을 받던 날
첫눈이 내렸습니다
잠들기 전에 깊은
바다에 익사한 가슴에
이순이 넘은 그의 생애가
흰 눈처럼 맑게 박혔습니다

한 권의 시집으로써
푸른 날의 울음을 대신할 수 없지만
오늘날 무명가수보다도
박수를 받지 못하는 시대에
알몸으로 장막을 칠 수 없었습니다

눈시울에 젖어드는
그의 무거운 언어는 가장
어두운 곳에서
소리 없는 예지로 영혼의
심지를 적시고 있었습니다

해변 일기

바다로 오십시오
푸른 물결이 넘실거리는
바다로 오십시오
동이 트는 아침은
은빛 물결이 기슭을 치고
멀리서 해초 내음이 풍깁니다

푸른 파도가 구비치는 바다엔
꿈속처럼 아물거리는
수평선 위에서
갈매기가 춤을 추며
바다의 정기가 피어 오릅니다

바다로 오십시오
언제나 푸른 꿈을 실어오는
바다에서
나는 지금 바다의 촉감에
내가 나를 잊고 있습니다

당신이 오신다면 팽배한 푸른 바다는
당신의 고소함을

어루만져 줄 것입니다
그리고
당신이 깨닫지 못한
행복이 깃들고 있습니다

조잡스런 모든 것을 버리고
여기로 오십시오.
언제나 뜨거운
애무 속에 취하는 바다로요

눈부신 맑은 아침에
바다의 기류를 호흡하며
자연 속에서 벅찬 젊음을 사랑하며
진실한 삶을 노래합시다

홍수洪水

비가 오지 않아도
도시는 늘 물이 넘친다
밀리는 물결
밀려드는 물결의 홍수
이 와중에선 여간
주의를 하지 않으면
물귀신이 된다
옛날부터 취객들은
물귀신에 잘 홀린다나
수심이 깊은 중심일수록
웅성거리며 도사린다
고향의 노모는
개헤엄도 못치는 아들이
익사 당할까봐 이 밤도
잠을 설친다

화면 속의 여름바다

여름 오후
텔레비전 속의 파도가
안방까지 침입한 자유
누가 나를
되돌릴 수 없는가
뒹굴면서 쫓고
헤엄치며 줍던
아슴한 유년의 바닷가
빛이 바랜 삶의 옷을 벗고
그날의 원색지
뜰 안 안테나선에 걸린
흰구름 속에 떠올리는
여름 고향바다

휴일 아침

샘가에서
순수의 나래를 씻고
석류가지에 와서
단꿈을 쪼아대는
일요일 아침

천지에
무지갯빛 따스한
혈관을 물고 온
네 부리의 작업은
향그럽고 눈부신
일상日常

신선한
휴일의 이 아침
누적된 중로重勞를 하역하고
오랜만에 내 울음으로
빈 속을 메울까
이 아침에

3부 낮게 흐르는 악보

李章熙 詩集

낮게 흐르는 악보

대일 현대 시선 [9]

나는 처음부터 무슨 탐미주의니 또는 초현실주의와 같은 그런 까다로운 시론을 신봉하거나 특별한 장식의 의도라든가 긴장된 실험성을 거부해 왔다.
— 저자의 「머리글」 중에서

대일

가을의 말씀

실성한 바람이
소리 없이 살아와
들판의 어둠을 걷어가고 있다
피곤한 대지
어둠을 쓸어
지금은 부재不在한 별
서서히 움직이는 익명의 풀들이
빛깔고운 햇살을 모으고 있다
가장 투명한 하늘
가장 기름진 들판
생명의 샘이 마르지 않도록
연하게 반짝이는 나뭇잎 끝까지
가득가득 영양이 넘친다
공허한 마음 사이로
우울을 씻어 내리는 잎사귀
가을은 내 체온 곁에서
익어가는 바람의 그리움으로 남아있다
이제 어두운 목소리를 감아쥐며
싱싱한 내재율로 별리를 뿌리며

비켜서는 계절
한결 맑아진 풀벌레의
화안한 음성의 축제 속에
바람은 불을 놓고 떠난다

가을 길목에서

한 여름의 햇살이
멀리서 기다리게 한다
여름과원에서
익어가던 아낙네의
따가운 진통처럼
한 알의 과일이 온통
생명으로 출렁이는 것
마지막 잎이 흙으로
돌아가는 소박한 섭리를
새삼 느끼게 하는
이 가을 길목에서
생활의 의미를 찾는 것은
참으로 소중한 일이다
가을은 기도가 열리고
타인이 되는 인정이 모여
달빛 같은 영혼이 익는 것을
지켜보는 계절이다

갈대

덕흥사로 가는
남산리 강 언덕엔
벌써 갈대가
희끗희끗 걷히고 있다
향기를 잃은 양지바른 묘지
풀잎 뜯던 산새소리
간데 온데 사라지고
짧았던 생애
어머니의 그림자 속에
사랑을 읽던 마지막 숨결이
갈대보다 서럽게 서럽게
지천으로 흩날린다
늦가을 바람

겨울아침

양손에
연탄을 든 어머니의 허리가
유난히 굽어보이는 아침
모두가 세월에 찌들렸다
거미줄 같은 입살이에
허리를 못 펴는 어머니

구멍마다 눈물이 고인
남은 연탄 한 장에도
불을 지펴야지
아직도 어머니의 청춘이
구멍 속에서 타고 있는
겨울아침
차디 찬 적막

광장에서

길을 걷다가 문득
넓고 휑한 광장에 서 본다

여기는 마음을 스쳐간 눈빛
그리고 이름 모를 수많은
발자국이 남아있다

탱크 바퀴와 군대의 행진
데모 행렬과 불의에 절규하던
청춘의 대열
빈곤한 생활의 수레가 동행한
온갖 자취가 연이어 일어난다

지나간 내 발걸음의 자취가
내가 살아온 눈물 자국을
연상하며 걷고 있다

온통 그날의 채취가
광장의 하늘을 메우고 있다

귀뚜라미

네 노래는 항시
낙엽이 동반되어 비롯되는가
햇빛도 달빛도 외면하고
봉건封建의 장독 밑에서
한세상 낙엽철만 기다리는
네 천성도 과히 병인성 싶다
꿈결에 어머니 가슴을 더듬듯
바람결에 묻어온
네 음신으로
지난날 그 푸르름의
안부를 듣는다
목탄 버스 차창에서 본
어머니의 모습이
오늘 따라 그리워짐은
네가 울던 가을밤이었을까
달까지 넘칠 것 같은
네 소리도 상강이 가까운지
한 마디씩 음절이
변해가고 있다

다시 귀향歸鄕

오십천을 잇는 대교 아랜
오리 떼가 가벼이 오르내린다

강뚝가 방천 머리엔
청량한 햇살을 굴리는 코스모스
멀리 화림산정에는 한 가닥
흰 구름이 산허리에 감기고
수면을 내리치는 새댁의 방망이 소리가
석양의 미열에 묻혀 내린다

고향 길목에 번득이는
어수선한 여자들의 행렬
자양 많은 일상을 목기木器에 담는다

깃 간 새떼들이 눈부신 정감을 담고
오오랜 그날처럼
순수한 가을의 내력을 찾고 있다

대한大寒 무렵

가지마다
점화된 언어들은
깊이깊이 땅속으로 묻히고
김칫독 허는
아낙네의 고운 체온이
머리카락처럼
매섭게 날린다
세상에 어머니를 잃고
산다는 게 전쟁처럼
찬바람이다
불 꺼진 마을에 백설이
흩날린다
먼데서 개 짖는 소리가
들려온다

동해에서 온 엽서

푸른
동해에서
엽서가 왔다

출렁이는 바위에 앉아
햇김을 긁었다는
소녀의 아린
손마디

손마디는
화롯가처럼
정답다

동해 횟집

수족관에서
건져낸 생선이 눈을 뜬 채
도마 위에서 파닥거린다
용왕의 왕자로 태어나
자유를 만끽한 네 몸이
바다를 떠나면 죽는 줄 몰랐느냐
바다로 나아가려고
마지막 꼬릴 흔들어도
바다 대신 칼이 나온다
사람도 神 앞에 서면
생선 같은 운명일까
채식만 하던 내가
과연 저 살점을
입에 넣을 수 있을까

세모 歲暮

하늘에는
수천 년의 기도 속에서
십자가가 내리고 있다
인간의 원죄의 씨가
생명보다 아름답게 빛나고 있다
작은 열매 속에서도
창백한 연인의 시가 피고 있다
죄를 분배하는 광선이
지상에 내리고
몇 억겁 무게의 파도 속에도
무수한 패배의 노래가 흐느낀다
계절은 숨이 가쁘고
세계는 점점 어두워가고 있다

소

말뚝에 속박된 소는
긴 입김을 내쉰다
아무 저항도 없이
아무 불만도 없이
홀로 십자가를 진 소는
황금의 거미줄에서
죄악罪惡의 발버둥을 치는
지성을 싫어하며
항시 괴로움의 그늘이 없이
묵묵히 노역만을 사랑하고
희생만을 지니는 소
홀로 가진 그 성미가 반가워라
욕심도 저주도 시기도 없이
꿈벅이는 동공엔 언제나
맑은 하늘만 그리는
네 천성을 눈여겨보지
않을 수 없었으니

소년기

회색 하늘이 깔리면
사진첩에 접어둔
고향의 시간
갯벌에는 말라버린
빙판이 가늘게 흐르고
기억의 상처가 뼈를 갈 때
유년의 요람은
자우룩 매운내에 가려
강변까지 밀려났다
쫓긴 마음엔 태양도 외면하고
버려진 양지쪽에 모닥불을
환히 피웠다
엄지손가락의 동전으로
입술을 위로하며
석양까지 종이연에 매달려
살 빠진 목마木馬를 탔다

소중한 겨울

오십천 일대에
눈이 내린다

서쪽은 저승
한 마리 겨울새가
서편 묘지 쪽으로 울고 간다

눈이 내리는 하늘을 가르며
금호 들판이 하얗게
하늘과 맞닿았다

소중한 사람의 영혼이
영결되는 시간
고난에 찼던 어머니의
생애를 건강하게
표백해 주고 있다

멀리 장목림 너머까지
눈송이는 끝을 내리지 않고 있다

아당질

바다 속에는 해초가
너울거리고
하늘 아래 땅 위에는
나무들이 춤추고
그 사이에 인형들이
거북하게 날개를 퍼득인다
새는 농약에 춤추고
짐승은 화약에서 춤을 배운다
기계는 기름에 미끄러지고
그늘뱅이는 술에 허우적이고
가난뱅이는 재벌에 늘어지고
재벌은 금 속에서 춤을 배운다
허우적 허우적
모방模倣의 신神을 만들어
갈증을 빚어 마신다
모두가 어색한 동작이다

아직도 볼 수 있는

달이 사위어 가는 삼경
뿌옇게 엉킨 은하수가
북동에서 남서까지
하늘의 모든 것을 휘감고 있었다
빛이 눅눅한 하오엔
안식 같은 반달이
사공과 몸을 비비며
거대한 봉우리를
알몸으로 품어 강물로 흐르고
환상의 기도가 깔린
넉넉한 공간으로
아직도 볼 수 있는 기억
나부끼는 새떼의 나래가
비상을 하고 있었다

안행雁行

영원을
벗어날 수 없는
긴 행렬

동짓달 삼경
청산이 기우는데
벗지 못할 행려行旅

잔설은 부서지고
바람은 매운데
설악雪岳을 월행越行하는
계절의 유랑

기
러
기

어느 봄날

어느 봄날
애완동물의 졸음만큼 표백된
이웃 할머니의 머리카락은
격동기의 숱한 고난의 체험으로
봄볕에 유난히 반짝였다
머리카락 수만큼 어지럽던
한 시대를 살면서도
멍이 든 바람의 아픔처럼
생애의 예지가 고양이의 수염같이
나의 근심 밖에서
빛나고 있었다

오십천 시초詩抄

바다 쪽에서 몰려온
갈매기 떼가 오십천 하구에서
휴식을 하고 있다
묘지에 핀 여름 풀꽃과 멧새들의
낭랑한 소리는 어디론가 사라지고
여윈 복숭아 나뭇가지 사이로
젖어드는 어둠
잔설의 찬바람이 섞인 낮은 구름은
깡깡한 강줄기에 내리고 있다
항구에 닿은 목선들의 흔들림처럼
거역할 수 없는 이그러진
어린 날의 그림이 다리위에 흔들릴 때
곤충들의 예민한 촉각은
쇠잔한 초겨울 하늘을 더듬으며
형상의 가지 끝으로 오십천을 흔든다
멀리 벼 낟가리 실려가
흔적이 없는 들판위로
넓고 찬 하늘을 그으며
때늦게 까치가 울고 간다

인망引網

사시사철 바다에는
멸망의 의자가 전혀 없다
새벽하늘이 휘장을 벗기기 시작하는
아낙네의 나라에는
일상의 솜씨가 포개어 진다
별빛이, 달빛이 왕래하는
일렁는 바다
전 생애의 투지가 집결된
목선들이 슬픈 변신으로
움직이고 있다
아버지의 아버지의 아버지로
이어온 유업의 포구
그 원색의 미학을 눈부시게
몰고 오는 아침의 갈매기
스물 나이에 벤 해장술이
이른 아침 출범의 의지를 돋구어 놓고
생애를 빗질한 어망을 감아 올린다
무수한 선대의 지혜를 몰고 오는 바람
빈틈없는 요령으로

그물구멍 가득히 차오르는
구원의 바다 속
일상의 고단한 동작에서도
피로한 눈들은
끝없이 내다보는 열중의 기교가
발원하는 바다
어기여차 어기여차
어기여차 어기여차
생선같은 싱싱한 팔뚝으로
인종의 그물을 올린다
바다의 움직이는 내력을 잡고
저승의 구슬을 모아 슬프기 위한
필생의 가락들을 올린다
그것은 갈매기 은빛나래에 실려
죽은 조상들을 되살리고 있다
바다에 일렁거리는
선대先代의 그림을 올리고 있다

참 행복

작은 것을 귀하게 여기고
낮은 곳을 향해 사니
늘 마음이 가볍다
그래서인지 모두들
십 년 전이나 지금이나
별로 변치 않고
표정이 밝다고 한다
그런 말을 들을 땐
더 작은 것을…
더 낮은 곳을…
그러나 한 가지 높고 크게
바라고 싶은 게 있다
아무도 모르는 높은 이의
은총과 사랑을

4부 피렌체의 저녁 노을

피렌체의 저녁 노을

안기화 · 이방자 · 이장희 시집

고문당인쇄(주)

겨울 삼사리三思里

종말 같은 한 세기가
투명하게 움직이고 있다
감성이 차단된
목마른 정오
분노를 참지 못해
뛰고 있는 겨울파도는
이 시대의 아픔을 앓고 있다
갈매기는 몇 십 년을
균형과 안락만 모으고
멀리 바다를 향한 언덕 위
교회의 흰 건물이
유난히도 밝게 부시고 있다

귀향歸鄉

어둠살이 깔릴 무렵
산마을 복사밭 햇살은 차가웠고
버들개지는 강변에서 벌써 눈을 감고
우수의 강물만 흐느적거리고 있었다

겨울을 겨우 넘긴 보리밭 사이
열기 잃은 저녁 햇살을 받은
붉은 슬레이트 지붕 한 점이
아슴히 보인다
되살아나는 기억의 물살 속으로
신발을 벗고 강을 건넜다
서쪽 빈 하늘의 엷은 노을이
강물 속에서 시들지 않고 흐른다

풋보리 내음 맡던 강둑에 앉아
악착같이 매달린 몇 개의 도꼬마리
까만 풀씨를 뜯었다

멀리 어디선가 개짖는 소리
목 쉰 늙은 소리가 여원
저녁노을 속으로 흐르고 있었다

남산리 소경小景

새가 날아간다
한 순간은 공간 속으로
그림자처럼 사라지고
대기를 흔드는
울먹이는 나래짓은
나지막한 색깔이
오후를 짓이기고 있다
바람을 탄
한 무리의 자유는
들녘의 햇빛을 저어가며
하나씩 하나씩 내리고 있다
우울한 존재가 끝내
빛나고 있었다

낮달

마른 나뭇가지 끝에
걸려있는 야윈 낮달
투시만큼 깊은
까랑까랑한 겨울 구도 속에
어디서 날아온
까치 한 마리
둥근 낮달만큼이나
넉넉하게 가지를 흔든다
황량한 의식의 벌판에 도사린
묵중한 명상 속에 숨 쉬는 겨울이
삼동의 긴 여백 위로
굳어가고 있다

녹슨 램프

깊이 잠겨있는
장미의 고전음악이
저음으로 흔들려 온다

남빛 어두운 바다 위에
광고전단지 같은
은빛 조각들

엄격히 끼워진
여자의 자수정 반지
잠든 바다의 열쇠를 든
수녀들의 변주곡이
무명으로 흐르고

너무 어둡게 잠긴 내부
녹슬은 램프에 환히
꽃잎이 웃고 있다

달팽이

일몰의 저녁노을이
시계탑 위에서 졸고 있다
소중한 자유의 시간도 시들고
풀잎에 매달린
달팽이의 더듬이가
가느다란 심장으로
가벼운 하루를 모으고 있다
달팽이가 앉은 나뭇잎에
기운 차린 가을의 운율이
눈알이 굵은 잠자리의
시력을 어지럽히고 있다
들새들의 노래도 차츰
희미하게 사라지고−

보이지 않는 수채화

육교 난간에 기대어
바라보는 북쪽 하늘
아스팔트 위로
열을 뿜고 달리는 기계소리
바람에 섞여 들리는
수많은 소리 속에
차단된 유년의 노래
하늘을 바라보아도
구슬 같은 하늘은 보이지 않고
공장 굴뚝 시커먼 연기만
길게 흐른다. 어디를 봐도
수채화 같은 하늘은
끝내 보이지 않고
내 혈관 속에는 선혈 대신
공해에 밴 먹물이 차서
고개를 들 수 없구나
하늘을 볼 수 없구나

봄기운

가끔 먼
산정山頂으로 기러기가
날아가고 있다

아직은 끝나지 않은
겨울

산비알 강둑에 놓다 만
교각이 그냥 있다

봄갈이 준비를 하듯
경운기가 과원 쪽으로
굽어든다

잔뜩 지게 지고
소를 몰고 귀가하는 농부
참으로 한국적이다

산 너머 번지는 저녁놀
길섶에 민들레가 노오랗게
웃고 있다

봄빛

삼양농원으로 가는 길섶에
아이들이 날린 종이비행기가
돌 틈에서 깊이 졸고 있다
과수원 앞에는 마냥
강물이 출렁이고
물살에 업힌 진달래가
강물 위로 흐르면
오래 잊었던 남산리의
외딴 전설도 떠내려 온다
앞산 상수도 언덕엔
산골짜기에 묻힌
잠든 산까치 소리
아른아른 퍼내고 있다 봄빛은,

새들은 하늘을 거두고

입동立冬을 넘기고 보니 점점
추워지는 계절이다, 수목들은
하나씩
하나씩
자신들의 본적지로
닻을 내린다
새들은 하늘을 거두어
약속이나 한 듯 날아가고
가슴속으로만 타는 고향은
아직도 먼 그리움으로 남아있다
모두들 뿌리로 돌아가는
조용한 축복의 수용 속으로
흔들리는 나뭇잎 하나가
가난한 귀향을 깁고 있다

새벽 포구

수평선 끝이
먼동을 올리고 있다
잠을 설친
선창가 주모의 눈빛이
샛별처럼 살아난다
실신한 해풍도
마찬가지다
시간은 부두까지
생기를 실어주고 있다
어부들의 노동요가
주점 창문을
빠꼼이 열고 지난다
피어나는 힘찬 빛살
갈매기 날개깃에도
힘이 돋아나고

소심란

맑게 피어라
방 가득, 향기로운
소심란

숨결마다
영롱한 이슬 배인
청초한 향기

소복 입은
조선 여인 같은
정한 그리움

고요한 호수
먼 선비 같은, 한 포기
소심란

여름 엽신葉信
-朗峰 詩兄께-

하늘을 담고 흐르는 오십천
강물을 따라 오르면
소담한 밀어가 오가는 무둔산의
엷은 산그늘이 나섭니다
오후 한 때
여름을 모르는 납량의
향수가 서리는 이 강변은
한동안 서양 고대미술에 압도되어
잠시 복잡한 감흥을 정리할 필요를
느꼈을 때 발견한 길입니다
K형은 아직 이 길을 모르실 겁니다
청년 니-체가 악성 바그너와
함께 밟았던 스위스의 산책로-
그 황홀한 정감을 이 길을 거닐면서
새겨 볼 수가 있습니다
어디 시간과 여유를 준비하여
다가오는 휴일엔 정신의 폐허에
마련된 녹색의 오솔길 하나를

사냥해 볼 의향이 없으신지 -
오시면 산그늘 품고 조약돌 씻으며
흐르는 맑은 시냇물에 발을 담그고
이곳 명물인 은어회에
소주를 따르면서
릴케의 시에 소녀처럼
눈시울 뜨겁게 젖어봅시다

원경遠景

아카시아 새순
피는 보리도 아름답다
얼룩지고 고단한 날에도
이렇게 멀리서 보면
꽃이 피는 듯 지는 듯
쾌청한 그림 몇 갈래

달구지 논둑길 사이로
일몰에 핀
노동의 점 하나가
흔들리며 지나고 있다
석양처럼 조용한
근로의 절정에서
한 조각 구름 위에 번진
자욱한 꽃향기
멀리서 보면 한 폭
물빛 동양화

입춘立春이 지난 후

먼지 낀
교각 하단 사이
야들한 잡초가
겨울의 껍질을 벗기고 있다

땅 속의 숨은 표현으로 살아
틈 사이 회색빛 흙을 뚫고
일어선 아픔

촉촉한 봄 안개
강물 같은 조용한 사랑
낮은 소리로 흐르고

낮달이 비늘을 번뜩일 때
바람도 쉬지 않고 하늘댄다
입춘이 지난 후

초겨울 서정抒情

갈색의 산이
초겨울 비에 씻기고 있다
가을빛을 모두 털어버린
짧은 햇살
남은 나뭇잎 하나가
검은 하늘을 출렁인다
허상들이 얽혀 있는
굳은 인연
산정山頂의 어둠을 찢고
햇살되어 다가오는
아침 까치소리
신생대의 어머니의 하늘이
초겨울에 빛나고 있다

최 화백의 그림

항구는 지금도
수녀 같은 그림이다
세잔느의 물빛
물빛 속에 희미하게
지워지는 낡은 영혼이
헝클어진 몰골로 걷고 있다
저음으로 들리는
그들의 음성이
수면 위로 흐르고 있다

추수기

구름이 지나간 자리
유리구슬 같은 청자가
내리고 있다
트여오는 하늘
조국의 한이 풀린다
한 계절의 눈금이 집중된
휴식 앞에
열어놓은 황금의 자유는
자양 많은 희열을 건져내어
이 세상 구석구석
뿌리내린 풍년가는 흐르고
간직해 온 하루하루가
가을 하늘 속에
살아 숨쉬는 추수기

카페 피렌체

동해 죽변항
카페 피렌체에 앉아
노을이 밴 바다를 보았다
눈이 맑은 바다새와 술잔을 들고
임자 없는 명월을 깔았지만
수줍은 새들은 투명한 청산을 헤엄치고
질감 좋은 음악으로 도심都心을 열었다
조금씩 늙은 바람이
바다 속으로 빠질 때
피렌체의 저녁노을은
혈관처럼 붉게 타고 새들도
노을 속으로 사라지고 있었다

파도여 파도여

마침내
모든 것을 거부한 채
영원에서 영원으로
호흡이 사나운 웅장한 현상
아득히 창망한 수평선에서
순수한 신화가 아쉬운
어느 황혼의 벽화처럼
먼 태고로부터
태양의 습성을 연모하는
평행의 안타까움
사랑을 위증할
실존을 증언할 아무런 이유도…
침식해 오는 당신의
형태 없는 중량에 언제나
남색의 풍경만 그리는
무수한 인생의
허영과 기만과 음모와
죄악의 *상구나운 악몽에서
절망과 비관에 싸인

*상구나운 : '사납다'는 뜻의 토속어

인류의 파리한 유산을
파도여 쓸어가라
쓸어가라 파도여

휴일

이번엘랑 산에 갑시다
세속에 잃은 눈
작년에 핀 한 점
꽃을 다시 만나면
미치도록 사랑하리라

나뭇가지에 앉은
새소리에 귀를 모으면
참 삶의 열매가
맺히리니

되새김질하는 황소의
여유 있는 시선을
렌즈에 담아두고

꽃과 바람 그 자연의
하루 일을
오늘 저녁상에 올려봅시다

5부 노을 속 새들은 사라지고

감상실鑑賞室

산과 나무만 있는 마을
벗겨진 잔설, 불씨도 아닌
옥빛 하늘이 가지고 온 순박한 향기
물기 오른 수목마다
혁명처럼 터지는 생명의 함성
비로소 녹슨 잠을 털고
소리를 고르는 멧새와 바람
채색하는 눈빛은 살아 움직이는
황홀한 기억의 평화
가장 어두운 계절을 벗긴
생동하는 실내악의 선율이
C화백의 음악처럼 봄볕에 실려
잔잔히 흐르고 있다

겨울 산

길게 누운 빈 산에서
어머니의 어진 바람이
겨울 햇볕을 흔들고 있다
어지럽게만 쓰러지는
기름 빠진 갈대의 몸짓
얇은 가지가 마른 햇살에 걸려
울음을 울 때
그리움으로 피던
붉은 연지볼
넘어가는 고요 속에
뜨겁게 남은 사랑
먼 산자락을 지우고 있다

그림 속 바다

바다는
밤에도 혼자 울고
발자국도 없는 모래 위에
어느 여인이
파도를 이고 있었다
외로운 눈물은
그립고 아름다운
그 중심의 바다를 지우고
겨울이 가도
겨울이 가도
동해는 더욱 앓고 있었다
빛처럼 확실한 숨결이
어둠속에서 해초와
소금때가 낀 여인의
색소를 벗기고 있었다

까치소리

살찐 남풍이 보리밭
사잇길을 지나고 있다
강물에 담근
여자의 모발이
구름 위에 떠 있고
하늘과 땅 사이
윤사월이 저문다
바람은 광란의 방황을 멈추고
영혼을 켜는 외로운 기지개
산빛이 곱게 내리는
*야시홀 어귀
멀리 서쪽 산모롱이
뿌리박힌 까치소리
저녁노을을 흔들고 있다

*야시홀 : 고구려시대 영덕(盈德)의 지명

그 해 겨울

그 해 겨울
바다가 보이는 찻집에서
커피를 마시고
우울한 팝송을 들으며
입력된 팝송을 정리하면서
황혼까지 쾌감으로 보냈다

눈이 내리는 거리
중세기의 고전 같은 눈송이는
내 슬픈 꿈을 방황으로 인도하지만
눈송이는 창문 앞에서 서성이다가
가로등 사이로 흐르는
불빛의 리듬처럼 해안의 모래 위로
아름답게 소멸하고
잔잔한 파도는 일상의
음계를 두드리며
베일을 벗긴 사자의 영혼을
잠재우고 있었다

목조의 찻집 문을 열었다
금세기로 이어지는 눈송이는
끊임없이 내리고
하염없는 눈송이 속에
침묵의 기도는 모든 것을
덮어주고 있었다

낮은 기도

하늘의 계단을 밟으신
당신의 몸짓은 자유로운
갈대였습니다
대답을 듣지 못한 질문은
아직도 살아있습니다
하늘을 보지 못한 석상石像의 수확은
기억의 목소리로 쟁쟁합니다
다듬지 않은 얼음 같은 차가운 웃음은
가슴을 찌르는 가르침이었습니다
마지막 닫은 문 그 영혼의 집엔
당신의 자장가가 담을 넘어
세상의 끝까지 흐르고 있습니다

노을 속 새들은 사라지고

나뭇잎이 쌓이고 점점
낮 시간이 줄어드는 계절
바람이 흔드는 갈대숲엔
고독에 절여진 야윈 낮달
새들은 태초의 본능으로
하늘로 이어지는 길을 가르고
헛되이 살아 더욱 구겨진
어두워 가는 삶
이유 없이 흙으로 돌아가는
낙엽의 침묵 속에
잔잔히 흐르는 유년의 이름
마른 잎으로 저무는 시간
놀빛 고운 하늘 끝으로
무심히 들리는 철새 울음

늘그막에는

전쟁터같은 살벌한
인파의 물결 속에서 떠돌던 나는
이제 고향에서 살래요
매일 자동차의 소음과 매연
텁텁한 대기 속에서
초점 잃은 동공을
고향하늘에 던질래요
사무친 소년의 그리움을 찾고
늙어도 꿈이 있고 취미가 있고
이자처럼 미친 무서운 바람도
무거운 침묵도, 강요하는 웃음도 없는
묵묵히 온갖 고난을 견디고
고향을 지키며 살아가는
정겨운 마음들과 영원히 살래요
아침 이슬 같은 영롱한
벌레 소릴 들으며
비둘기 떼의 여유 있는 나래를 보며
내 영혼이 끝나는 날까지
이제 고향에서 살래요

달밤

다 익은
과일의 무게만큼
화안한 달밤은
가슴 타는 혁명이 아니다
최초의 사랑이 숨어있는
어머니의 본능이다
이조의 모시빛으로 바래진
하얀 달밤은
손바닥 무겁도록 한이 고인
어머니의 눈물이다
불면의 질긴 아픔을 지나서
번뇌의 은실을 엮던
길고 긴 이승에서
어머니의 짧은 생애가
달빛처럼 환희 비치고 있다

대한大寒이 가까워 오면

살아오면서 잊지 못할
미안한 기억이 있다
십 수 년이 지난 요즘에도 나는
가끔 그때의 기억을 되살린다
지하도 계단에 앉은
머리가 하얀 할머니의 두 손에
왜 나는 동전 한 닢
쥐어주지 못했을까
돈이 없어서였을까
딴 사정이라도
동지섣달 어느 날
담요 한 장 덮어쓰고
애걸하던 칠순 넘은 할머니
두 손을 비비며 하소연 하던
흐린 노안을 지금껏
잊을 수가 없다
이십대 후반기
버스비도 없어 방황하던 시절

공교히도 그런 날에
요즘도 지하도 계단을 밟는 날에는
으레 기억나는 할머니의 눈매
대한 추위가 가까워 오면
그날의 할머니가 마음을 크게 후빈다
카랑카랑한 겨울 날씨처럼
아리게 아프게 후빈다

백화점 앞에서

플라스틱 인형이
창문을 닫고 있다
천사들의 윤곽이 죄다
드러난 내부를
꽃다발을 든 아이가
뚫어지게 보고 있다
눈높이만큼 위에서
소중한 음악이 흐르고
잡힐 듯한 바람이
표정을 크게 지우고 있다
건축 안테나의 촉각이
예민하게 사랑을 연결하고
흔들리는 모조의 가지 끝에
약속을 다짐한
한 마리의 종이새가
독신의 천사 위로 날고 있다

병실病室 앞에서

병실 문 앞
간호사 호명은
내 영혼을 흔드는
신호다
한평생 무병으로
살고픈 욕망은
짓누르는 의술 앞에
멀쩡한 몸이 앓고 있다
붐비는 시간 속에서
낡아가는 목숨
살점보다 마음이
더 아파지는 병실 앞

북성로 종다리

어디에 있을까
지금은
일제 말엽 경북중학
입시를 마치고 들렀던 북성로
중국 호떡집
서너 평 남짓한
비좁고 어두웠지만
추위에도 화덕같이
인정스럽던 곳
무연탄 가루가
새까만 호떡집에
종다리를 기르며 살던
벙어리같은 중국 할아버지
추운 날에도
앞치마에 손을 닦고
창 너머로 새장을
들여다보던 할아버지
노오란 좁쌀이
유난히도 깨끗하던

그때의 종다리와 할아버지
어떻게 되었을까 지금은

봄, 야시홀

남풍은 북쪽
화림산으로 넘어가고
화개리로 굽어가는
강기슭에는 하마
복사꽃이 활짝 웃고 있었다
어느 봄날 출가한
누님의 울음 같은
화림산 언저리
먼 먼 전생의 구름 한 자락
유년의 아지랑이 속으로
가물대며 저문 강 쪽에서
넋으로 타고 있었다
하늘 속으로 울부짖는
슬픈 목숨처럼
타고 있었다

섣달 밤에는

모든 죄를 씻어내고
아름다운 것을 생각하는 시간이다
동해 노을 속으로
젖어드는 갈매기처럼
아름다운 노래를 불러야 한다
매일 지구의 일부분을 쓸고 있는
이른 새벽의 청소부 아저씨
텔레비전 화면에 방영된
인간승리의 처녀 뱃사공
구김살 없이 착하게 살아가는
부모 없는 소녀 소년 가장
말없이 숨어서 좋은 일하는
대전의 김밥 할머니
모두들 그렇게 살아야 한다
딱딱한 침묵의 죄
고양이의 게으름을 게워내고
내 시간의 문을 슬기롭게 두드리며
착하게 살아야 한다
지금은 눈물겨운 것을, 아름다운 것을
생각하는 시간이다
저무는 섣달 긴 겨울밤에는

설경雪景

청빈의 벽에는
묵은
설경雪景이 걸려 있다
문틈 사이로 흘러
들어오는 찬바람으로
바르르 눈발이
날리고 있다
곡선曲線의 눈길을
돌아가는 촌부의
발자국이
가슴에 쌓인다
어머니의 옛날이
소복소복 쌓인 그날의
동양화 한 폭이
이 봄까지 싸늘하게
걸려 있다

쓸쓸한 행렬行列

맴을 도는 잠자리 꼬리에
가을 하늘의 깊이가 묻어있고
반백의 갈대는
무거운 산을 흔들고 있다
강물은 속살을 드러내어
산색을 그대로 품고
과수원 나무 사이
흰 수건 두른 아낙네가
사과를 손질한다
꿈의 설계를 물고
고향으로 떠나는 후조들의
행렬이 한결 쓸쓸하다

야시홀 연가

천 년의 빛이
내리고 있다
봄부터 하늘 맴돌던
야시홀 천 년의 빛
신양리 복사밭
깊숙이 끼고, 다시
남산리 사과밭을 돌아
빛살 녹이며 동해로
빠지는 가을 강
만발한 가을꽃이
흐드러진 바람에 웃고
물비늘 사이사이
물살 흔드는 고향
동해 갈매기
맑게 순하게
천명으로 살던 고구려
백성들의 축복처럼
한가람 산을 안고
근심 없는 울음으로

하늘 수놓으며
넉넉히 흐르는 목 쉰
가을 강

어두워가는 고향

기적소리가 지나간 후
마음을 담아보는 빈 하늘
바람은 흐르는 물소리의, 공간
어디쯤에서 하늘 가득
눈부시게 움직이고
어두워지는 고향 마을은
힘든 시대 속에서 성난
절규를 숙고하고 있다
불빛 아득한 길 위로
타인의 꽃들이 끈질긴 습성으로
능숙하게도 비밀 하나씩을
무성하게 탄생시키고 있다
한 시대를 배경으로 더욱
진하게

은행잎

바람이 불어온다
윤기 없는 바람 속에
세월은 말라 저마다 같은 내부의
바다로 결별을 선언하던 황색의 뜨락
고무신 코에 내린 은행잎을 줍던 소녀가
노오란 전설을 책갈피에 꽂아
우등생이 되라고
숨차게 공급하는 색동의 기원
진홍의 볼이 된 나는 처음으로
동기의 시체를 물고 가는 개미의
선한 윤리를 배웠지
바람이 분다 잔-잔-잔-
입에 문 바람개비가 울 때
소녀의 머리칼도 날리고 있었다

중심의 실종

성경책을 낀 어느 유복한 여인이
성당 쪽으로 혼자 걷고 있었다
먼 그날부터
백결百結의 가난에 미쳐버린
팽팽한 나의 중심은
복음이 담긴 책으로
회개의 빛깔로 흔들렸다
집중된 기도의 난간으로
밀려난 비둘기 떼
자유로운 비상에서
염색된 깃발은 햇덩이처럼
붉게 타고 있었다
절세의 고전을 눈여겨 본 죄가
오래도록 하늘을 흐리게 하고
실종된 나의 신앙은
죽은 이의 깊이만큼
변신되고 말았다
변신되고 말았다

추령秋聆

귀뚜라미
더듬이 끝에
가을볕이 머문
층층 돌계단

무슨
기별 같은
촛불 밝힌
긴 여로旅路

엷은 가랑잎 음계
지레 들리는 듯
어머니 목소리

고향

6부 고향, 그 영원한 이름

가위질

잠자리에 들면
오늘의 일과부터 잘라낸다
시간이 나면 유년기부터
오래된 일기도 자를 때는
매우 신바람 나는 손놀림이다
벚꽃 한 잎을
마음에 담고
아득히 먼 추억을 자르고 싶다
한 잎 어렴풋한 숨결을
꽃잎처럼 자르고 싶다

낯달

낯달은 고향 쪽으로
기울고 있다
마을 쪽엔 부우연 구름이 몰려가고
길은 아픔을 적신다
손 흔드는 먼 날의 언덕을
흥건히 적시는 바람소리
돋보이는 것은 강물 위로
흘러가는 봄날의 꽃잎
고향에도 오늘은
꽃잎이 지고 있을까

덕이 할매

길고 긴 올 무더위
질 질 질
끌려가며 누비는 골목
황혼이 어둡게 깔리고 있다

머리에 인 세월의 무게
진정
죽지 못해 사는 목숨

아들 죽고
가출한 며느리
소년가장 외동 손孫 치료비 마련에
이집 저집
매달린 생활의 그림자

인생 황혼기 편히 쉴
나이인데
오늘도 늙은 목소리
대문을 두드려도

열리지 않는
문 문 문

도시의 달밤

빌딩 피뢰침에 걸린
도시의 달빛은
내 영혼의 내장까지
비추고 있다
저녁은 문명의 시장끼에
만취된 환자
고통의 언어를 복용한 자들은
자살을 단념했다
신과의 만남은 허무와
작별을 구원하지만
유실된 배반과 패배를
담보로 맡기고
떨고 있던 목숨이
모두 황홀한 본질로
부활되고 있다

독도

꿈도 신화도 아닌
심해에 숨어서
일월日月만 바라보는 단심
천만년 하나 소망
그나마 못 이룬
바다색 깊은 한 서려도
갈매기 긴 여운
바람으로 삭히고
살붙이 없는 목숨
저 해적의 울림짱에
늠름히 버티는 의지
눈비 나려 숨어 들 곳 없는
아! 외로운 국토의 고아
너 독도여

동해 강구항

출렁이는 바다
뱃고동 소리

짠 갯내음
비린내도 그러하지만
사투리 억양은 바다 사람들
생명의 고향
삶의 원천

일망무제의 푸른바다
절경을 즐기며 수평선을 응시하면
알 수 없는 힘이 솟는다

포구의 아침
부산하고 생동감 넘치는 어부들
아침 햇빛 얼굴이 환히 익어간다

연속극 '그대 그리고 나' 의

촬영 무대인 해상공원
참으로 아름답다

국토통일을 기원하는
경북 대종각에서
바라보는 항구의 밤 불빛도…

유한한 생명에 비해
바다는 영원히 젊고 푸르다
그런 바다와 함께 사는
여기 사람들의 마음이
더 아름답다

몸살

산이 몸살을 하고 있다
소리 없이 앓고 있다
감기정도의 몸살이 아니다

행락객의 무질서
등산인구의 폭발
산하山河는 사람들의
배설물로 쓰레기로 너저분하다

그러나 이 정도는
소나기라도 쏟아지면
치유가 가능한 피부병이다
10년이 지나도
20년이 지나도
복원 불가능한
자연파괴와 훼손으로
더 크게 앓고 있다

상납한답시고 돌 캐 가고
분재 취미 살린다고

나무를 뿌리째 뽑아간다

어진 산은 내색하지 않고
속으로만 속으로만 앓고 있다

무상無常을 만나다

김 화백의 그림은 볼수록
짜릿한 공감을 심을 때가 있다
망망한 세월을
흔들고 깨우다가
초롱초롱한 하늘의
별을 헤아리게 한다
적막강산을 헤멜 때
보이지 않던 내가 발견되고
풀잎 같은 운명을 다스릴 수 있는
무상을 만나게 한다
김 화백의 수채화에서

묵은 수채화

묵은 수채화 속
계절의 행렬이
강산을 넘나든다
원을 그릴 때마다 문득
고향이 떠오른다
후조의 날개짓, 참으로
아름다운 현실
언덕 위의 종소리는
석양에 잠겨오고
사그라져 가는 들새의 울음
낮게 낮게 풀려가는 한 폭
동양화의 색감

밤바다

저물녘
검푸른 바다
민박집

누이의 흰 이마
허공 한복판에
띄워놓고
닫힌 침묵으로
훔쳐보는 밤바다

바다 끝
마른 귓속에
흐느끼는
파도소리

백목련

밝은 외등처럼
소리 없이 찾아온

첫사랑의 수줍음 같은
백목련

정정한 눈빛으로도
화사한 봄날인데

노을 빛 영근 눈물로
소원을 적시던 어머니

내 안에서는 벌써
뚝뚝 지는 꽃잎

봄 바다

호화 묘지의 망부석이
모세의 봄 바다를 지키고 있다
깊은 잠속에 박힌
미루나무 잔가지 끝에
윤사월 그믐달이 걸리고
골고다의 푸른 강물 소리가
단조로운 음악으로 내린다
내 생애의 중심으로
몽고의 말굽소리가
파도처럼 흔들릴 때
신라의 태양이
가로 누운 무덤 곁에서
웃고 있다

부여에서

일행이 묵은
부여관광호텔
투명한 유리창에 비치는
부소산 산색을 바라보며
아침을 껴안았다
사월 상순
아직 새순이 나오지 않았는데
봄은 흐느끼고 있었다
설레는 가슴
가지마다 눈을 씻는
햇살소리, 다시
마른 귀에 감기는 고란사
아침 예불소리

분식점에서

농협에서 한 달치 이자를
야무지게 들고 나와
햇살이 엷은 가을 오후
분식점에 들어서니
머리채를 길게 늘어뜨린
두 처녀가
칼국수를 휘저으며 먹고 있다

눈물이 밴
어린 날의 칼국수가
내 목에 길게 걸렸다

소심화

봄 하늘에는
색이 묻은
음악이 흐르고
소심화가
웃음을 비비는
아파트 뜨락에
흙이 게워 놓은
내장의 말씀
착한 꿈은
화실의 색감을 묻혀
날아가고, 봄은 다시
깨끗한 소망의
풍차를 돌리고 있다

아름다운 풍속

봄이 오고 있다
강물이 풀리고
나목裸木가지에 움이 트고
이 날이 오면
신명나는 것은
서당 아이들
입춘대길立春大吉
건양다경建陽多慶
숨죽여 있는 힘 다하여
창호지에 쏟는 묵향
솜씨 서투르나
힘 있고 자랑스럽고
아름다운 풍속이다
따뜻한 봄볕, 대문에 붙인
글씨가 환히 빛나고 있다

윤사월 閏四月

남풍은 북쪽
화림산 쪽으로 넘어가고
화개리로 굽어가는
강기슭에는 하마
복사꽃이 활짝 웃고 있었다
어느 봄날 출가한
누님의 울음 같은
화림산 언저리
먼 먼 전생의 구름 한 자락
가물대며 저문 강 쪽에서
넋으로 타고 있었다
하늘 속으로 울부짖는
슬픈 목숨처럼 타고 있었다

젊은 날의 강江

강물은 예나 지금이나
단순히 강으로만 흐르는 것이 아니다
억겁의 무변에서 한없이
역사의 태풍을 겪으면서
지표의 유적을 감돌며 흐르고 있다
언제부턴가 내 젊은 날의
진홍빛 심장으로 자리 잡은 사랑은
이끼 낀 돌계단에 앉아, 지난날
불행했던 유년을 그리며 시를 쓰고, 또
인생이 무엇인가를 고뇌로 채웠다
옛날로 흐르는 강물은 달빛을 안고
서럽게 떠난 삼단머리 소녀의
잠든 눈물을 일깨우고 있다
오! 황홀한 스위스의 오솔길
가난한 생애와 수모의 편력을 밟았던
청년 니-체와 악성 바그너의 산책길 같은…
세월이 흘러가고 우리들
생명은 죽어가도
별빛 같은 정감을 강물에 뿌리고 간

그날의 기막힌 언어를 떠올려야 한다
이순을 넘긴 망각의 강둑에서
영원히 잠들지 못한 기억의 꽃은
시초와 종말을 생각케 하지만
타향의 낯선 하늘 아래, 언제
흔적 없이 사라질 낭만의 편린들
쉰내강五十川 너는 오래오래 추억의 보증이 되리라

친구

을지로 2가
버스정류소에서
어깨를 툭 치는
고향친구
술기 밴 건강한 목소리는
쌀쌀한 2월에도
훈기가 돌았다

창잣길 뒷골목
포장집 속엔, 하마
햇미나리가 나왔다

대도시 한 복판
고향 같은 향기

어딜 가나
뒷골목은 사투리 같은
인정이 훈훈하다 우린
계절의 첫 소절인

봄 미나리를 씹었다
귀 맑은 유년도
함께 씹었다

잠자리

잠자리의 시체가
뒹굴고 있다
가슴보다 큰 투명한
두 눈은 아직
근원적인 숨소리다
곤충채집의 횡포에
견디다 살해된
잠자리의 생애를, 개미들이
맨살로 운구하고 있다
장송곡 없는 대열
낙엽이 덮고 있다

운천 시평 모음

인식의 촉수와 시정詩情

채수영(시인 · 문학평론가)

인간은 그 자신의 삶에 합당한 이유를 위해서 스스로 헌신의 몸짓을 만든다. 이리하여 어제와 더불어 오늘과의 관계를 형성함으로서 내일이라는 언덕을 넘어갈 수 있는 합리의 계단을 만들어 나간다. 혼자 혹은 홀로라는 존재의 그늘은 결국 스스로에 돌아가는 문답을 엮어가면서 일상의 광장에 타인의 목소리를 듣거나 때로 주인공인양 열변을 쏟아내기도 한다. 인간사에 무엇이 있느냐고 묻는다면 거기엔 아무것도 없는 것처럼 많은 이야기들이 설득의 논리를 편다. 그렇더라도 광장은 언제나 비어있고 그곳을 지나는 숱한 사람들의 목청이 바람에 휘날린다. 봄과 여름, 가을 그리고 겨울이라는 상징과 암시 속에 자화상을 그려 나가면서 존재의 모습을 키워나가는 것이 인간의 삶이다. 이장희의 「광장」에서 그런 육성을 듣는다.

    길을 걷다가 문득
    넓고 훤한 광장에서 본다

여기는 마음을 스쳐간 눈빛
그리고 이름 모를 수많은
발자국이 남아 있다

탱크의 바퀴와 군대의 행진
데모의 행렬과 불의에 절규하던
청춘의 대열이
빈곤한 생활의 수레가 동행한
온갖 자취가 연이어 일어난다

지나간 나의 발걸음의 자취가
내가 살아온 눈물의 자국을
연상하며 걷고 있다

온통 그날의 채취가
광장의 하늘을 메우고 있다

- 「광장에서」 전문

 사람들이 많이 모이는 '광장'은 자유라는 속성이 잠재한다. 누구와 어디서라는 편안함으로 하여 언어와 행동이 창출되고 의미가 생산되는 곳이다. 이장희의 '광장'은 '길을 걷다가 문득'이라는 돌출성 발견으로부터 시적 발상이 나타난다. '문득'이라는 의식이 갑자기에 의해 시인의 정신을 일깨워주기 때문에 전혀 예비 없는 단계로부터 신선한 표정을 만날 수 있게 된다. 준비하고 예비된 것에서 만나는 이성과 지성 혹은 합리적 변명보다 느닷없이 나타난 사건의 현장이기에 생동감을 수반할 수 있게 된다. 「광장에서」는 다섯 의미군의 서술 종결어미로 구성된다. '서 본다'에서 넓고 훤한 광장의 존재가 필요를 기다리고 '남아 있다'에 눈빛과 발자국의 인간의 흔적 '연이어 일어난다'에서 군대와 데모와 생활의 수레들이 등장하여 광장에서의 풍경화가 제시되고 '걷고 있다'에서 스스로의 초점이 나로 좁아들면서 내가 살아온 삶의 도정을 바라보는 시선이 내면으로 모아든다. 이어 '덮고 있다'에서 그날들의 체취를 감지하는 후각적 감각이 마무리된다. 이로 보면 이장희의 '광장'은 비단 시인만의 독점적 광장이 아니라 모두에게서 느낄 수 있는 감정영역을 갖고 있다. 시인의 정서가 보편적 정서의 이미지화라면 광장은 누구나 참여할 수 있는 열린 세계로의 문이기 때문에 심사深思한 느낌을 유발한다. 그러나 인간의 일은 광장만으로 해결되지 않는다. 때로 속삭임이 있어야 하고 내밀內密한 대화도 있어야 한다. 그러나 광장은 인간의 사건들이 일어나는 시발始發의 의미를 가지고 있으면서 애환과 고독, 그리고 데모와 군대 이런 교직交織된 일들이 엉키면서 풀리는 광장의 대상으로부터 명상에 잠기는 시인의 뇌수엔 지나온 과거의 회상이 마냥 가슴을 절이는 인상이다.

<『문학세계』 1991년 11·12월호>

비판 혹은 그리움의 정조

박신헌(문학평론가)

> 환상의 기도가 깔린
> 넉넉한 공간으로
> 아직도 볼 수 있는 기억
> 나부끼는 새떼의 나래가
> 비상을 하고 있었다
>
> ―「아직도 볼 수 있는」 일부

이장희의 「아직도 볼 수 있는」의 일부인데 제목 자체가 미완의 관형어구로 되어있어 독자들을 퍽 낯설게 한다. 그러나 그것은 작품 후반에 제시된 동일 내용의 한 행에 의해 다소 해소되는데 '아직도 볼 수 있는'의 대상이 바로 기억이라는 데서 작가는 탈 일상적인 이상향을 상당히 그리워하고 있다는 것을 알 수 있다. 그런데 그것은 전혀 낯선 상상 속의 이상향은 아니다. 그것은 어디까지나 기억 속에 남아있는 체험적 공간이다. 그것은 언제나 시인을 환상의 세계로 이끌고 현실과는 달리 넉넉한 마음을 갖게 하는 공간이다. 시인은 그러나 그곳으로 직접 달려가지는 않는다. 못 가는지도 모른다. 다만 그곳에 대한 그리움만은 간절하고도 엄청나다 할 수 있다.
'나부끼는 새떼의 나래가 비상을'하듯 그의 이상향에 대한 그리움의 사념들은 크게 날갯짓을 하고 있기 때문이다.

> 누이의 흰 이마
> 허공 한복판에
> 띄워 놓고
> 닫힌 침묵으로
> 훔쳐보는 밤바다
>
> -「밤바다」일부

「밤바다」에서는 시인이 왜 그토록 기억속 이상향을 찾으려는지의 단서를 제공해 주고 있다. 2연에 제시된 '누이'가 그것이다. 그러나 그 누이는 '닫힌 침묵으로/훔쳐보는' 누이였다. 여기서 우리는 누이를 '사랑의 대상'이라고 치환해도 좋을 것이다. 그렇다면 시인이 그리는 이상향의 공간은 내 사랑이 자리하고 있는 환상의 공간이 된다. 그러나 그것은 어디까지나 정신적인 사랑이 머무는 곳이지 현실적, 육체적 사랑의 공간은 아니다. '허공 한복판에/띄워놓고'라는 구절은 그것이 얼마나 지고하고 정신적인 대상인가를 알게 해 주는 시구이다. 이러한 시편들로 보아 시인은 현재 무척이나 사람을 그리워하는 사람인지도 모르겠다.
<『대구문학』1999년 봄호(통권39)계간평 중에서>

한국 시문학에 구축된 문학정신

조병무(시인·문학평론가)

　시인의 서정은 모든 사물에서 감각적으로 부각된다. 시인의 감각은 오감으로 와 닿는다. 물론 모든 시인은 정서적인 느낌이 몸으로 체감된다.

　　　산수유 향기
　　　그 향기 코를 지나
　　　가슴으로 마셨다

　　　　　　　　　　　　　－「산수유」 일부

　　　엷은 가랑잎 음계
　　　지례 들리는 듯
　　　어머니 목소리

　　　　　　　　　　　　　－「추령秋岺」의 일부

　등의 언어에서 시인이 바라보고 느끼는 정감의 모든 것이 감각적인 형태로 와 닿고 있다. 우연하게도 그러한 감각은 오감으로 와 있다는 사실을 인지하게 된다. '가슴'과 '목숨' '목소리' 등의 단정적인 언어보다 연결되는 과정에서 일상의 많은 형상이 감각의 서정성에 몰두되고 있음을 느낀다. 작품 「백목련을 바라보며」는 몸으로 오는 감각이다.

    밝은 외등처럼
    소리 없이 찾아온

    첫사랑 수줍음 같은
    백목련

    정정한 눈빛으로도
    화사한 봄날인데

    노을 빛 영근 눈물로
    소원을 적시던 어머니

    내 안에서는 벌써
    뚝 뚝 지는 꽃잎

                   - 「백목련」 전문

  백목련의 모습을 이미지의 복합적 요소로 하나의 형상을 부조하고 있다. '외등', '첫사랑', '수줍은', '눈빛', '봄날', '눈물', '어머니', '뚝뚝', '꽃잎'의 시어가 안겨주는 의미는 그 형상의 이미지의 각도를 다양하게 감각적 면모를 서정적으로 그려준다. 이 작품에서는 '첫사랑의 수줍음 같은' 백목련은 '어머니'의 소원과 이미지의 복합성을 갖는다.

                            <2006년 『동해남부시』30호>

고향의 체온을 승화한 진실

박곤걸(시인 · 한국문인협회 부이사장)

이장희 시인은 항상 고향을 품에 품고 그리워하며 살아간다.

세상 어디를 떠돌아도 고향 소식을 그리워했기에 푸른 동해에서 온 엽서를 받는다.

세상 어디를 떠돌아도 고향사람을 사랑하였기에 '무교동에서 만난 친구 입가에 오십천이 흐르고' '은어 향기가 풍기었다'.

> 어둠살이 깔릴 무렵
> 산마을 복사밭 햇살은 차가웠고
> 버들개지는 강변에서 벌써 눈을 감고
> 우수의 강물만 흐느적거리고 있었다
> <중략>
> 풋보리 내음 맡던 강둑에 앉아
> 악착같이 매달린 몇 개의 도꼬마리
> 까만 풀씨를 뜯었다
> 멀리 어디선가 개짖는 소리

목 쉰 늙은 소리가 여윈
저녁노을 속으로 흐르고 있었다

-「귀향」일부

〈상략〉
사무친 소년의 그리움을 찾고
늙어도 꿈이 있고 취미가 있고
이자처럼 미친 무서운 바람도
무거운 침묵도, 강요하는 웃음도 없는
묵묵히 온갖 고난을 견디고
고향을 지키며 살아가는
정겨운 마음들과 영원히 살래요
아침 이슬 같은 영롱한
벌레 소릴 들으며
비둘기떼의 여유 있는 나래를 보며
내 영혼이 끝나는 날까지
이제 고향에서 살래요

-「늘그막에는」일부

 이장희 시인은 생업 따라 타관살이로 떠나와 살며 구름처럼 떠돌다가 그의 인생이 해질 무렵 나이에 '어둠이 깔린 산마을 복사밭'의 차가운 햇살을 주우며 자주 귀향길을 접어들었고 '풋보리 내음 맡던 강둑에 앉아' 고향에 대한 끈끈한 인정만큼이나 '악착같이 매달린 몇 개의 도꼬마리/까만 풀씨'를 뜯어 떨구고, 다시 '멀리 어디선가 개 짖는 소리/목쉰 늙은 개 짖는 소리가 여윈/저녁노을 속으로…' 고향을 찾아 간다. 찾아든 고향에는 어제와 달리 어딘가 어둠과 차가움과 우수가 감돌고 있음을 절감한다.

그러하더라도 '사무치는 그리운 그리움'이 있는 고향에는 타관에서처럼 '무서운 미친바람' '무거운 침묵'은 없고 '강요하는 웃음'도 없다. 늙어도 '잠'이 있고 '벗'이 있고 '꿈'을 살리고 '취미'를 살리는 그의 고향에서 영롱한 '벌레소리'와 여유 있는 '산비둘기 노래'를 들으며 '영혼이 끝나는 날까지' 고향에 살고자 진한 향수에 북받치는 그의 마음이 움직이고 있음을 다음 싯귀들에서 절실히 느끼게 한다.

> 마른 수풀에 묻혀 천추를
> 울어대는 벌레들의 합창
> 안개같이 스치는 그리운 동화
> 먼 하늘에 던져보는
> 소리 없는 진한 향수
>
> ―「동산에 오르니」일부

> 흰 수건을 두른 아낙네가
> 사과를 손질한다
> 꿈의 설계를 물고
> 고향으로 떠나는 후조들의
> 행렬이 한결 쓸쓸하다
>
> ―「쓸쓸한 행렬」일부

그의 작품에서 감동 깊은 시적 서정은 고독감 짙

은 향수이다. 그의 향수는 서정성이 짙은 어휘들을 싯구에다 구사하여 편편마다 감성이 번뜩이는 광채를 발산하고 있다. 작품 성향이 향수적 표현으로 주조를 이루고 있는 반면에 사물 인식에는 객관성과 명징성을 보이고 있는데 여기에 맑고 순수한 심성이 곁들어지고 있다. 이처럼 그의 향수적 표정은 오늘날 퇴조하는 고향의 비관스러운 음영들을 시를 통해서 씻어 보고자하는 열망으로서 그의 시편에서 충분히 살필 수 있다.

<시집 『낮게 흐르는 악보』 시평 중에서>

「시평 모음」은 그 동안 여러 책에 실렸던 시평들의 일부를 모은 것입니다.

오래되어 어느 책에 실렸던 평인지 잘 알 수 없는 것들이 많아, 책 제목을 아는 것은 그대로 싣고, 책 제목을 모르는 것은 작품 제목과 평론하신 분의 이름만 밝힙니다.
 - 박두진(행렬), 전봉건(꽃), 박봉우(눈길), 김남석(밤바다) 등

운천(云泉) 이장희 시선집

야시홀의 연가

2008년 9월 12일 인쇄
2008년 9월 17일 발행

지은이 / 이장희
펴낸이 / 손희경
펴낸곳 / 책마을
등록 제 342-2007-00005호

주소 / 대구시 동구 신암2동 501-1 연곡빌딩 5층
전화 (053) 942-5345
전송 (053) 942-5346
E-mail moonin01@naver.com

값 8,000원

ⓒ이장희

ISBN 978-89-93329-02-5

이 책의 무단전재 및 복제행위는 저작권법에 의거, 처벌의 대상이 됩니다.
※ 잘못된 책은 서점에서 바꾸어 드립니다.